Inhalt

Bau- und Heimwerkermärkte - Harter Kampf um Anteile im stagnierenden Markt

Kernthesen

Beitrag

Fallbeispiele

Zahlen und Fakten

Weiterführende Literatur

Impressum

GENIOS BranchenWissen Nr. 04/2007 vom 23.04.2007

Bau- und Heimwerkermärkte - Harter Kampf um Anteile im stagnierenden Markt

Autor GENIOS BranchenWissen: A.Schneider

Kernthesen

- Heimwerker-, Bau- und Gartenfachmärkte wachsen stärker als der Einzelhandel insgesamt, aber die Marktdynamik lässt spürbar nach.
- Harter Preiswettbewerb und Flächenüberhang könnten bald weitere Übernahmen und Marktschließungen nach sich ziehen.
- Auf den vordersten Plätzen der Branche

rangieren Obi, Praktiker (mit Max Bahr) und Toom (mit Marktkauf).
- Baumärkte tragen den Trends Homing und Klimaschutz Rechnung und sind als Vertriebskanal die Gewinner im Garten- und im Heimtiermarkt.

Beitrag

Der Branchenprimus wird attackiert: 118-mal günstiger als Obi, so lautete die Kampfansage des Erzrivalen Praktiker, der Obi seinen obersten Rangplatz in der deutschen Baumarktbranche in diesem Jahr abjagen will.

One-Stop-Shopping und Themenwelten bestimmen das Sortiment

Längst haben sich die Bau- und Heimwerkermärkte vom Do-it-yourself-Eldorado zum großflächigen Center für One-Stop-Shopping entwickelt. Ohne mehrere Geschäfte oder Fachmärkte abklappern zu müssen, findet der Kunde nahezu alles, was er braucht in einem der zahlreichen Baumärkte. Denn diese haben inzwischen realisiert, dass der Kunde von heute nicht mehr in Produktkategorien denkt, sondern in Themenwelten.

Ein Haus bauen, renovieren, umgestalten? Schon seit Jahren geht der tatkräftige, Kosten bewusste Mann in den Baumarkt. Dort erhält er Werkzeug und Maschinen, Holz und Kunststoffe, Bauchemie, Sicherungstechnik, Sanitär, Heizung, Wand- und Bodenbeläge, Anstrichmittel, Elektroausstattung und Leuchten.
Im Keller ein Hobbyraum, ein Büro, eine Sauna oder eine Werkstatt? Mann findet alles, was er braucht im Baumarkt. Klein- und Selbstbaumöbel, Sauna oder Dampfbad, alles, was zum Basteln und Werken benötigt wird.
Ein Bad renovieren? Zum Aussuchen der neuen, modischen Fliesen nebst Sanitärkeramik und Badtextilien geht Frau längst mit in das Eldorado der Heimwerker, das längst keine Domäne der Männer mehr ist.
Den Garten anlegen? Die neuen Gartenmöbel samt passenden Auflagen und Ampel-Sonnenschirm findet Frau im Baumarkt. Und für die abendliche Grillparty zur Einweihung mit den Nachbarn gibt es den Grill und die Holzkohle dort auch gleich. Die stimmungsvollen Windlichter, Gartenfackeln oder Solarleuchten können bei der Gelegenheit auch gleich mitgenommen werden.

Ein gemütlicher Spieleabend im Winter mit Freunden und Familie? Im Baumarkt gibt es den Kaminofen, und das Feuerholz, und in der Deko-Abteilung können die schönen Dekostoffe und kuscheligen Kissen gleich mit ausgesucht werden.
Zwerghasen, Fische oder Vögel für ihre Kinder? - Gibt es inzwischen auch in etlichen Baumärkten, Kleintierabteilung, samt Innen- und Außengehege, Streu und Futter.

Doch werden die Baumärkte mit ihren derzeitigen Sortiments-, Filial- und Vertriebskonzepten auch in den kommenden Jahren noch erfolgreich sein?

Hohe Baumarktdichte zieht harten Preiswettbewerb nach sich

In keinem anderen Land sind die Einwohner so gut mit Baumärkten versorgt wie in Deutschland. Es gibt rund 4 250 Baumärkte mit Verkaufsflächen über 400 Quadratmeter. Die gesamte Verkaufsfläche beträgt aktuell 17,6 Millionen Quadratmeter. Damit haben wir die höchste Pro-Kopf-Fläche der Welt. Der Deutsche hat sich zu einem treuen Baumarktkunden entwickelt. Gerade in den Folgejahren der Wiedervereinigung konnte die Branche von einer sehr guten Geschäftsentwicklung profitiert.

Und auch heute noch sind viele Unternehmen sehr erfolgreich. Doch seit Ende der 90er Jahre schwächt sich das Wachstum ab. Nach Angaben des Bundesverbandes Deutscher Heimwerker-, Bau- und Gartenfachmärkte (BHB) betrug das Wachstum im vergangenen Jahr nur noch ein Prozent, stagniert also nahezu. Zwar werden nach wie vor die Baumarktflächen erweitert, doch andererseits auch häufiger Märkte geschlossen. Die Baumarktdichte ist hoch, entsprechend auch der Wettbewerb, vor allem über den Preis.

Seit Jahren herrscht Flächenüberhang. Dies bestätigten die Wirtschaftsprüfer von Ernst & Young der Branche. Zwischen 1995 und 2005 verdoppelte sich die Verkaufsfläche der Baumärkte auf 15,6 Millionen Quadratmeter. 2006 kam bundesweit ein weiteres Prozent hinzu. Das Problem: der Umsatz pro Quadratmeter sinkt. Der deutsche Kunde kann damit übrigens auf doppelt so viel Fläche einkaufen wie der französische oder der englische Kunde. Bislang scheint der Flächenüberhang die Baumarktunternehmen nicht sonderlich zu stören. Im Gegenteil, sie haben auch für dieses Jahr weitere Eröffnungen angekündigt. Obi, Bauhaus, Hornbach, Toom und andere wollen insgesamt 35 neue Märkte eröffnen. Die Wirtschaftsprüfer hingegen erwarten weitere Übernahmen und Marktschließungen. (1), (2),

(3)

Geschäftsentwicklung 2006
Dezember rettete das Geschäft

Die deutschen Heimwerker-, Bau- und Gartenmärkte (mit mehr als 1 000 qm Verkaufsfläche) setzten nach Angaben des Heimwerkerverbands im vergangenen Jahr 17,88 Milliarden Euro um. Hinzu kommt der Umsatz der mittelständischen Baumärkte in Höhe von 4,13 Milliarden Euro.
Nach Verbandsangaben entspricht dies flächenunbereinigt einem Zuwachs von 1,2 Prozent zum Vorjahr. Auf bereinigter Fläche hingegen ergibt sich ein Minus von 1,6 Prozent. Damit schneiden die Heimwerker-, Bau- und Gartenfachmärkte zwar besser ab als der Einzelhandel insgesamt, aber dennoch: das Wachstum lässt nach. (4)

Allein im letzten Monat des Jahres wurden 100 Millionen Euro mehr umgesetzt als im gleichen Vorjahreszeitraum. Auf bereinigter Fläche entspricht dies einem Umsatzplus von 6,6 Prozent. Offensichtlich kam auch bei den Heimwerkern der Effekt der drohenden Mehrwertsteuer zum Tragen.

Die Verkaufsschlager

Die Warengruppe Freizeit, Basteln, Werken inklusive Spielzeug und Camping waren im vergangenen Jahr mit plus 18 Prozent Spitzenreiter beim Wachstum, ihr Anteil am Gesamtumsatz ist allerdings noch eher gering. Zu den Gewinnern zählten auch die Baustoffe (+5,7%), die Gartenmöbel und -dekoration (+4,5%) sowie die Elektrogeräte bzw. Elektroinstallation (+3,1%). Das ist vor allem deshalb wichtig für die Branche, weil diese Warengruppen traditionell zu den Umsatzträgern gehören. Im Sanitärbereich wurde ein solides Wachstum von 2,8% erzielt.

Die Ladenhüter

Eher mäßig hingegen fiel 2006 der Handel mit Holz- und Kunststoffen (+4,5%) aus. Etliche Tapeten, Bodenbeläge und Innendekoration (-2,6%) blieb liegen. Auch Anstrichmittel und Zubehör (-1,1%) und Fliesen (-0,8%) mussten Federn lasen. Viele Kunden wurden hier dem Baumarkt untreu und kauften die preisaggressiven Produkte der Lebensmitteldiscounter.

Die Top 5 Attacke auf Branchenprimus Obi

Die ehemals stark zersplitterte Baumarktbranche konsolidiert sich zunehmend. Im laufenden Jahr werden die deutschen Top 5 bereits 70 Prozent Marktanteil am Branchenumsatz erreichen. Im Jahr 2000 waren es noch 59 Prozent. In anderen europäischen Ländern ist der Markt längst konzentrierter. In Frankreich und Großbritannien schaffen die Top 5 schon 80 bis 90 Prozent.

Bislang ist Obi unangefochtener Branchenprimus im Baumarktgeschäft. Er erlöste mit seinen 340 Märkten im vergangenen Jahr einen Umsatz von 3,6 Milliarden Euro, was ein leichtes Minus von 1,1 Prozent bedeutet.
Ihm dicht auf den Fersen ist Praktiker. Für dieses Jahr hat Praktiker hohe Ambitionen. Er will Marktführer in Deutschland werden. Dies könnte ihm nach erfolgreicher Integration der jüngst erworbenen Max Bahr-Kette möglicherweise sogar gelingen.
Auch der Dritte in der Ranglist, nämlich Toom, expandiert und ist knapp davor, Marktkauf zu übernehmen. [Abb.1] Im vergangenen Jahr liefen allerdings die Geschäfte weder bei Toom noch bei Marktkauf sonderlich gut. Beide Unternehmen verzeichneten ein Umsatzminus.

Auf den Plätzen vier und fünf liegen Zeus und Bauhaus.

Die Übernahmen haben noch kein Ende haben, wird in der Branche spekuliert und Gerüchte besagen, dass Hellweg zum Verkauf steht.

Trends

Homing

Ein großer gesellschaftlicher Trend, dem auch der Baumarkt Rechnung trägt, wird als Homing bezeichnet. Der Kunde legt zunehmend Wert auf stilvolle Geselligkeit in repräsentativem und wohnlichem Ambiente.
Gemeinsame Grillabende mit Nachbarn, Dinnerabende mit Freunden, Spieleabende mit der Familie, Heimkino in geselliger Runde, das ist momentan gesellschaftlich beliebt. Es erfordert einerseits schlichtwegs Ausrüstung wie Gartenmöbel, Grill und Flachbildfernseher, andererseits Dekoration angefangen von Tischschmuck, passender Beleuchtung bis zu bequemen Sitzmöbeln.
Aber: Individuelle Wohnideen aus dem Baumarkt? Einrichtungstrends im Baumarkt? Schmucke Stoffe

und stilvolle Beleuchtung im Heimwerkhaus? Etliche Baumärkte versuchen diesem Trend bereits entgegen zukommen. Wechselnde Themenwelten präsentieren auf einer eigenen Ausstellungsfläche aktuelle Wohn- und Einrichtungsbeispiele mit Auszügen aus dem Sortiment. Alles, was er brauchen kann, erhält der Kunde dort vor Ort aus einer Hand, hübsch dekoriert und sogar mit Fachberatung. (5)

Garten

Gerade momentan kann man es wieder erleben. Die Sonne scheint, die Bäume werden grün und die Deutschen stürmen die Gartenabteilungen der Baumärkte. Überall wird gemäht, gegraben und gepflanzt. Kein Wunder also, dass die Baumärkte mit ihren Gartenabteilungen neben den Fachgartencentern (z.B. Dehner) - die großen Gewinner im Gartenmarkt sind.
Schnittblumen und Kunstblumen, biologisch-chemischer Gartenbedarf, Kübel- und Containerpflanzen sind in vielen Baumärkten fester Bestandteil des Sortiments. Gartenmöbel, Zier- und Schwimmteiche samt Zubehör auch. Und natürlich Rasenmäher hier übrigens haben die Baumärkte inzwischen die Zielgruppe Frau erkannt.
Der gesamte Gartenmarkt hat ein Volumen von

deutlich über 10 Milliarden Euro. Der Anteil der Baumärkte und Fachgartencenter liegt inzwischen bei rund 35 Prozent, Tendenz steigend. (6)

Heimtiermarkt

Im seit vier Jahren stagnierenden Heimtiermarkt haben sich die Baumärkte ebenfalls ein großes Stück vom Kuchen gesichert. Vogel, Fisch, Schildkröte, Hamster und Hase werden samt Behausung und Nahrung immer seltener im Zoofachhandel und Landhandel gekauft, sondern immer häufiger in Baufachmärkten, Zoofachmärkten oder beim Discounter.

Klimaschutz

Auch den Klimaschutz hat die Baumarktbranche jüngst für sich erkannt. Zumindest empfiehlt ihnen ihr Verband, sich darauf einzustellen und ihre Kunden aktiv im privaten Klimaschutz zu unterstützen. Nachhaltige, energieeffiziente und recyclefähige Produkte sollen in das Sortiment integriert werden, der Kunde über Technologien zu Nutzung erneuerbarer Energie und Energiesparmaßnahmen aufgeklärt werden. Dies kann von der Energiesparlampe über den FSC-zertifizierten Gartenstuhl bis zum Qualitätswerkzeug reichen. (7)

Fazit

Die erfolgsverwöhnte Baumarktbranche muss sich angesichts sinkender Wachstumsraten, Flächenüberhangs und starken Preiswettbewerbs etwas Neues einfallen lassen. Der Markt kommt in Bewegung. Erste Übernahmen sind erfolgt. Die Wettbewerber haben zum Sturm auf den Marktführer Obi geblasen. Und die bisherigen Konzepte müssen hinterfragt und weiterentwickelt werden. Der BHB-Verband gibt bereits Anregungen: Soft-Baumärkte für Frauen, Senioren-Konzepte, Quick Shops könnten neue Formate im Baumarkt sein.

Fallbeispiele

Bislang ist die Tengelmann-Tochter **OBI Bau- und Heimwerkermarkt Holding GmbH** unangefochtener Marktführer in Deutschland.

Firmenchef Sergio Giroldi fuhr im vergangenen Jahr einen Umsatz von 3,6 Milliarden Euro ein. Doch die Ex-Metro-Tochter **Praktiker Bau- und Heimwerkermärkte AG** hat jetzt zum Sturm an die Spitze der Branche geblasen. Seit Februar dieses Jahres wird die frisch übernommene Hamburger Heimwerkerkette Max Bahr integriert. 77 Filialen mit einem Jahreserlös von 726 Millionen Euro sollen Praktiker auf Augenhöhe mit dem Rivalen Obi bringen. Für das laufende Jahr peilt Vorstandschef Wolfgang Werner einen Umsatz in Deutschland von über drei Milliarden Euro an, in Europa vier Milliarden. Dabei kämpft er mit scharfen Waffen. Mit vergleichender Werbung in einer Beilage, einem TV- und einem Radiospot hat Praktiker seinen Konkurrenten Obi verärgert. Er sei "118x günstiger als Obi", posaunte er. Allerdings musste er in diesem Werbekrieg nun eine Schlappe einstecken. Praktiker darf nach einer Entscheidung des Landgerichts Köln nicht mehr pauschal behaupten, billiger zu sein als der Rivale Obi. (8), (9)

Auch die Rewe-Tochter **Toom Baumarkt GmbH** will durch Zukauf expandieren und steht kurz davor, die 133 Marktkauf-Baumärkte zu übernehmen. Damit würde Toom zum drittgrößten Baumarktbetreiber in Deutschland aufsteigen. (3)

Hornbach

, Rang sechs der deutschen Baumärkte, setzt auf großflächige Märkte und will in diesem Jahr neun neue Märkte mit jeweils über 15 000 Quadratmeter Fläche eröffnen. Im vergangenen Jahr gelang dem börsennotierten Unternehmen ein Umsatzplus von mehr als sieben Prozent. (2)

Zahlen & Fakten

Die größten deutschen Baumarktunternehmen

Unternehmen	Umsatz 2006 in Mio Euro	Veränderung in %	Märkte	Flächenleistung in Euro
Obi	3.600	-1,1	340	1.553
Praktiker	3.490	0,4**)	350	1.695**)
Max Bahr	850	1,2	80	1.594
Toom*)	2.480	-3,8***)	400	1.117***)
Marktkauf	980	7,8	150	979
Zeus	2.200	-2,0	680	1.235
Bauhaus	2.060	14,4	120	2.028
Hornbach	1.760	3,5	95	1.932
Globus	800	0,5	50	2.023
Hellweg	590	0,0	80	1.035

*) Vorbehaltlich der Gemeinzustimmung bei Rewe und Edeka

**) nur Praktiker

***) nur 100 Meter

Quelle: Dähne-Verlag, Unternehmensangaben

Entnommen aus: Lebensmittel Zeitung 13, 30.03.2007, S. 4

Weiterführende Literatur

(1) Hornbach startet Aufholjagd
aus Handelsblatt Nr. 026 vom 06.02.07 Seite 11

(2) Praktiker sitzt Obi im Nacken
aus Handelsblatt Nr. 067 vom 04.04.07 Seite 11

(3) Toom-Deal heizt Wettbewerb an
aus Lebensmittel Zeitung 13 vom 30.03.2007 Seite 004

(4) O.V., Heimwerkerverband, DIY-Branche wächst um 1,2 Prozent, www.heimwerkerverband.de
aus Lebensmittel Zeitung 13 vom 30.03.2007 Seite 004

(5) O.V., Heimwerkerverband BHB, Trends im Baumarkt. Pressemitteilung, 12.04.2007, www.heimwerkerverband.de
aus Lebensmittel Zeitung 13 vom 30.03.2007 Seite 004

(6) O.V., BBE-Branchenreport „Garten 2006", www.heimwerkerverband.de
aus Lebensmittel Zeitung 13 vom 30.03.2007 Seite 004

(7) O.V., BHB, Klimaschutz im Baumarkt, www.heimwerkerverband.de, 12.04.2007

aus Lebensmittel Zeitung 13 vom 30.03.2007 Seite 004

(8) Praktiker will Obi den Rang ablaufen
aus Lebensmittel Zeitung 14 vom 05.04.2007 Seite 009

(9) Praktiker provoziert Werbekrieg
aus Lebensmittel Zeitung 15 vom 13.04.2007 Seite 026

Impressum

Bau- und Heimwerkermärkte - Harter Kampf um Anteile im stagnierenden Markt

Bibliografische Information der deutschen Nationalbibliothek

Die Deutsche Nationalbibliothek verzeichnet diese Publikation in der deutschen Nationalbibliografie; detaillierte bibliografische Daten sind im Internet über http://dnb.d-nb.de abrufbar.

ISBN: 978-3-7379-2144-2

© 2015 GBI-Genios Deutsche Wirtschaftsdatenbank GmbH, Freischützstraße 96, 81927 München, www.genios.de

Alle Rechte vorbehalten. Dieses Werk ist einschließlich aller seiner Teile – z.B. Texte, Tabellen und Grafiken - urheberrechtlich geschützt. Jede Verwertung außerhalb der Grenzen des Urheberrechtsgesetzes bedarf der vorherigen Zustimmung des Verlags. Dies gilt insbesondere auch für auszugsweise Nachdrucke, fotomechanische

Vervielfältigungen (Fotokopie/Mikroskopie), Übersetzungen, Auswertungen durch Datenbanken oder ähnliche Einrichtungen und die Einspeicherung und Verarbeitung in elektronischen Systemen.